VIRGINIE GRIMALDI

FLAVIE PICHOT

Les tortues de Tahiti

hachette
JEUNESSE

C'est sur l'île de Tahiti que les cinq cousins se retrouvent cette fois pour les vacances.

« Du sable noir ! remarque Lily en marchant sur la plage.

– Sa couleur est due à l'abrasion des roches volcaniques, affirme Assa. Heureusement qu'il ne fait pas trop chaud, sinon on pourrait se brûler les pieds.

– On serait obligés de marcher sur les mains ! » rigole William en faisant une roue, aussitôt imité par ses cousins hilares.

Cherche Petit Dragon
dans toutes les pages !

« On va se baigner ? propose William.

– Bonne idée ! s'exclame Noa. Et on verra peut-être aussi des tortues ?

– Je vous le déconseille, les enfants, intervient un surfeur qui passe près d'eux. Il y a beaucoup de courants et de vagues ici, allez plutôt vers le lagon, à l'ouest de l'île.

– Merci monsieur, on y va ! » s'écrient les cousins en courant vers leurs vélos.

« Vous avez entendu ce bruit ? demande Noa en arrêtant de pédaler.
– Ça semble venir de là », dit Lily en s'approchant d'une ouverture dans la roche.
Au moment où elle l'atteint, un souffle puissant et bruyant sort du trou. Lily fait un bond en arrière. Ses cousins éclatent de rire.

« C'est le trou du Souffleur, leur apprend une dame qui passe à leur hauteur. Les vagues s'engouffrent dans une grotte sous-marine et font jaillir un geyser ici.

– On dirait Papa qui ronfle », glousse William.

Un nouveau souffle fait sursauter les cinq enfants, qui ne demandent pas leur reste et reprennent la route.

Lily avise bientôt un panneau sur le bas-côté.

« Oh ! Les cascades de Faarumaï ! s'écrie-t-elle. On y va ?

– Et mes tortues ? gémit Noa.

– On ira après, promet Assa.

– Alors d'accord ! » s'enthousiasme Noa.

Les enfants laissent leurs vélos sur le parking et s'engagent sur le chemin bordé d'une végétation dense. William se met à courir en hurlant :

« Aaaaah ! Je me fais attaquer par des moustiques !

– Moi aussi ! » crient les quatre autres en sprintant à leur tour.

Arrivés au pied de la chute d'eau, les cousins sont émerveillés. La première des trois cascades de Faarumaï fait plus de 80 mètres ! Ils se sentent tout petits.

« Ça valait le coup d'être poursuivis par les moustiques ! déclare Assa.

– Parle pour toi, ils s'en sont tous pris à moi ! geint William en se grattant partout. Je suis sûr qu'ils m'attendent pour le retour.

– C'est peut-être une marque d'affection ! s'esclaffe Lily.

– Et mes tortues ? glisse la petite voix de Noa.

– Un peu de patience ! »

Sur leurs vélos, entre collines verdoyantes et eaux cristallines, les cousins découvrent les merveilles de Tahiti.

« Oh ! Un énorme crabe bleu ! s'écrie William en roulant près d'une roche.

– Regardez ce gecko trop mignon ! s'exclame Lily en passant devant des arbres.

– Des frégates du Pacifique ! s'émerveille Assa à proximité d'une plage.

– C'est zoli ! » ne cesse de clamer Maël.

Mais bientôt, les voilà qui rencontrent un panneau devant un sentier.

« Des grottes ! annonce William en s'approchant. On va les voir ?

– Oui ! » répondent en chœur les autres.

Les cousins arrivent face à une falaise
tapissée de fougères ruisselantes
sous laquelle plonge un large bassin.

« J'ai envie de me baigner ! lance William.
– Elle est glacée ! crie Lily en trempant sa main dans l'eau.
– En fait, je n'ai pas du tout envie de me baigner, s'esclaffe William.
– Ce n'est pas ici qu'on va trouver des tortues, déclare Noa.
– Ou alors des tortues givrées », rigole Lily
en retournant vers les vélos.

La promenade se poursuit jusqu'à Mahana Park.
« Là, je suis sûr qu'on va trouver des tortues ! » s'enthousiasme Noa en foulant le sable blanc.
« Regardez ! s'exclame William. Des gens font de la plongée ! Il faut qu'on essaie ! »
Assa ouvre son sac et en sort des masques, des tubas et des palmes.
« J'ai tout prévu ! dit-elle fièrement.
– T'es la meilleure ! » s'écrient ses cousins.

Les cousins embarquent avec Moana, une monitrice de plongée, et sautent dans l'eau dès que la profondeur le permet. Maël reste sur le bateau, sous la surveillance de Moana et d'Assa. « C'est zoli ! » s'extasie-t-il en en contemplant les poissons multicolores à travers les eaux translucides du lagon.

Chaque fois qu'ils remontent à la surface, la monitrice donne aux enfants des informations sur les espèces qu'ils admirent : les poissons-papillons jaunes, le poisson vache et sa longue nageoire, le poisson coffre à pois, le labre bleu, les anémones de mer…

Les enfants en prennent plein les yeux.

« Regardez la forme sombre là-bas ! dit soudain Noa.

C'est sans doute une tortue.

– Allons-y ! » s'exclament les petits nageurs.

« Ce n'est pas une tortue, c'est une raie ! s'extasie Lily en s'approchant de l'animal.
– C'est magique ! souffle William.
– Elle vole ! » ajoute Maël depuis le bateau.
Pendant quelques instants, les enfants admirent le spectacle, jusqu'à ce que Noa revienne à sa préoccupation :
« Et ma tortue ?
– Il y a un attroupement de plongeurs là-bas, remarque Assa. Allez voir, il y en a peut-être une ! »

« UN REQUIIIIIN ! » hurlent Noa, Lily et William en remontant à toute vitesse sur le bateau.
Assa éclate de rire :
« C'était un requin à pointes noires, ils sont inoffensifs !
– J'aurais préféré une tortue, soupire Noa. Tant pis… »

Mais, tandis que le bateau repart vers la plage,
Maël pointe son doigt vers l'eau et souffle :
« Regarde Noa, une tortue ! »

Pendant un long moment, la tortue nage avec les enfants.

« On dirait qu'elle veut rester avec nous ! dit William.

– Elle est rigolote ! s'amuse Lily.

– Z'en veux une ! dit Maël.

– Elle est tellement belle, murmure Noa.

– Elle s'éloigne ! s'exclame Assa. Ça y est, elle s'en va.

– Au revoir, gentille tortue ! » crient les cousins.

« Personne ne va nous croire ! dit Noa sur le chemin du retour.
– On n'a même pas de photo, regrette William.
– Ce n'est pas grave, répond Lily.
Les souvenirs, on les a dans notre tête pour toujours ! »

Où était caché Petit Dragon  ?

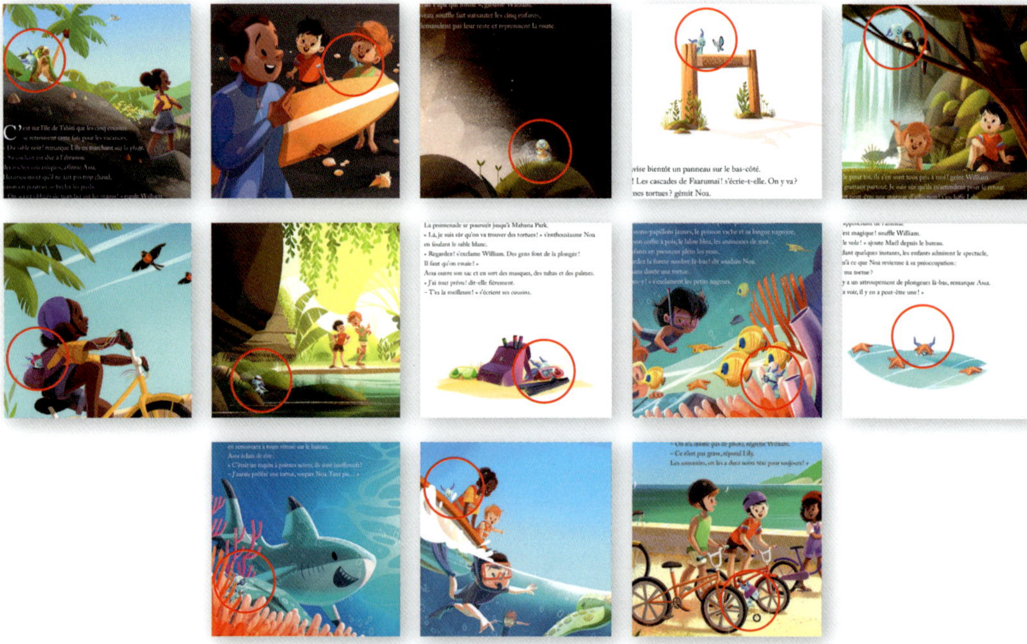

Publié par The Marketing Store Worldwide sous licence Hachette Livre. – Les marques suivantes sont la propriété exclusive de McDonald's Corporation et affiliés : Happy Meal, logo Golden Arches.
Édition exclusive The Marketing Store Worldwide pour McDonald's – ISBN : 978-2-38051-092-8
N° d'éditeur : 979-10-94132 – Achevé d'imprimer en Europe par TBB, a.s. en septembre 2023.
Lot: 143705/23 – Havi Global Solutions Europe GmbH, Geitlingstr. 20, 47228 Duisburg, Germany.
Dépôt légal : décembre 2023 – Dès 3 ans.

FSC
www.fsc.org
MIXTE
Papier | Pour une gestion forestière responsable
FSC® C022120